Mi
Bitácora de Versos

Erotismo ▪ Melancolía ▪ Romance ▪ Nociones

Poemas de
Jaime L. Taveras

Prologo: Ana Lucía Montoya Rendón
República de Colombia

Publicado Por:
Kindle Direct Publishing
ISBN: 9798683893279

PRÓLOGO

En este poemario se encuentra al desnudo el alma de Jaime L. Tavera Disla. Mediante estos versos declama sus reflexiones, vuelca todos los sentires, se cuestiona, increpa, exige, transgrede, se mira a sí mismo. La estructura de sus poemas compuestos todos de versos libres tiene la cadencia de una marcha fogosa que pide que le escuchen y que se escucha así mismo. Con una sensualidad y erotismo propios de las personas del Caribe y propio también de su edad nos conduce al cuarto íntimo donde todo puede pasar, y de hecho ocurre de forma mágica deliciosa.

Como cuando dice:

"Por admirar el desarrollo
De tu sensual creación en movimiento
Presenciar tu existencia."

Y en "La flor de tus labios":
"Con el gusto en el tacto
El tacto en el gusto
Y en los cincos sentidos…"

Son versos que fluyen, que se dejan leer y releer, que nos permiten convivir y a la vez asistir como voyeristas a este magnífico acto íntimo del poeta que vive en Jaime L. Taveras Disla. La lectura de este poemario nos entrega a un nuevo poeta pero por sobre todo, a un hombre que ha hecho carne la experiencia increíble del amor, pues en conjunto los noventa y seis poemas que nos entrega son una imagen nítida de este proceso vivido por él. Hay que leer al poeta y haciéndolo entendemos a este hombre.

Ana Lucía Montoya Rendón
Colombia

ÍNDICE

Página

ÍNDICE

Página

ÍNDICE

Página

Romance

Nociones

ENTRE TUS MANOS Y MI BOCA

Cuánto anhelo consentirte,
Y saciar estas ganas
De dormir en tus brazos.

Sentir,
Que me susurras al oído
Al abarcar tu cuerpo.

Sentir,
Que me retienes dentro.

Cuánto me pesa,
Contener estas ganas
De comerme tus labios.

El no poder controlar
Esta locura,
En la que lo eres todo.

Cuánto quisiera…
Poder dominar mis latidos
Al sentarte en mis piernas,
Al atarte a mi pecho,
Al fantasear con tu boca en mi boca
Y mis dedos entre tus dedos.

Cuánto deseo…
Que te atrevas
A gozar de nuestra pasión,
Entre tus manos y mi boca.

Y cómo, muero por tocarte
Mientras te beso
Y por besarte...
Dónde te tocas.

¿LO CREERÍAS?

¿Si te dijera?..
Que ni mis letras
Reflejarán tu belleza,
Que nada podría contenerla.

Que eres… la razón
De los colores en los arcoíris,
Y de la luz vibrante en las estrellas.

Que quisiera abrigar con mis besos,
Tu cuerpo desnudo bajo la lluvia.

Desvelarme al velar tu cuerpo,
Al velar, tu rostro
Embriagado en mí reverencia.

Merecer el honor
De luchar por lo nuestro.

Que no quisiera perderme
Al pretender esa alma,
Libre e independiente.

Que temo morir
En esta triste realidad,
De que no serás más que un recuerdo.

Más que un sueño…
Que ya no puedo tocar.

INSISTO

Quiero,
Sentirme poseído por tu mirada
Al domar tu cuerpo.

Te quiero, flexible y feroz.

Como las olas del mar,
De alguna manera Implacable
Y en cierta forma compasiva.

Quiero este amor enajenado
En la más fuerte de las pasiones,
Nuestra locura.

Que para entender
Nos pongamos a un mismo nivel,
Y que para amarnos
Estemos a la altura de lo que sentimos.

Te necesito libre de ataduras,
Y de aquella obstinada obsesión
Porque las cosas sean
De una u otra manera.

Porque a pesar
De que te resistes.

Me rehúso a renunciar
A esta ilusión,
A ti, mi esperanza.

MI ABEJA REINA

El fuego de su mirada
Me expone al desnudo,
Y a pesar, de que no me escucha,
Me incita a gritarle lo que siento.

A declararle sin palabras
Cuanto me provoca.

A susurrarle al oído,
Cuanto añoro
Tenerla en mis brazos
Y comérmela a besos.

A atreverme…
A decirle, como en la soledad
Me come el tacto,
Y como, con la boca abierta al deseo,
Exhalo del placer que me inspira.

Perdido y excitado,
Por esos recuerdos que me seducen
A estas fantasías.

Es que, aunque pierda mi fe en ella,
No me resignaré a otras ofrendas.

No dejaría posar una mosca,
Donde una vez manaron

Las feromonas de mi reina.

Prefiero vivir soñando con ella,
Pura e inigualable,
Dándome a probar de su colmena.

Ya, ni el tiempo,
Ni las alas, secarán su miel.

Porque en mi alma,
Éste amor siempre olerá a ella.

VEN

Ven y déjame contemplar
Tus ojos ante mi cuerpo desnudo,
Cómo cambia de tono tu rostro,
El calor de tus labios…
Y la complexión de tu pecho.

Ven y atrévete a sentir
Como te desviste esta mirada.

Guíame en el escalofrío de tocarnos,
Con el pulso de tu flagelo.

Ven y sube a mis piernas,
Átame a las tuyas…
Roza y provoca cada golpe.

Ven…
Déjame tomar el control y disfruta.

Que a besos te tomaré del cuello…
Y en tu espalda,
Abarcaré tu mundo al acariciarte toda.

Déjame tocarte hasta la locura…
Déjame hacerme sentir en todo tu cuerpo.

Ven,
Y libera esta pasión…
Desata las ganas
De que el sol te sorprenda perdida,

De que te encuentre
Tendida sobre mi cuerpo.

TODA MÍA

Como deslumbras mi existencia…

En los días de oscura tristeza
Eres el fuego que da luz a mi vida.

Mi más preciado y celado tesoro,
La más hermosa de las maravillas,
La más delicada…
La de mayor valor en el universo
Y la más letal de todas.

En lugar de luchar el uno contra el otro
Deberíamos luchar por lo nuestro.

Y saciarnos estas ganas…
Estas salvajes reacciones
Que nos provocamos.

Me pondría de rodillas
A cautivar tu calor entre mis labios,
Te provocaría…
Liberar tus deseos.

Deseando saciarme de ti,
Deseándote toda mía.

Atándonos a esta indomable pasión
En la que mi más grave obsesión
Es el sabor de tu cuerpo.

En la extraordinaria satisfacción
De anclarte entre mis brazos
Y hacerte feliz de por vida.

SI ME LO CONCEDES

Si me concedieras el amor
En tu piel y en tus besos.

Si me concedieras el día y la noche,
Si me concedieras este sueño.

Si te entregaras a esta pasión,
Si me dejaras consentir
Esta brutal tentación.

Si accedieras a que tu ardiente mirada
Se deleite con todo lo que me incitas.

Si me dejaras gozar de tu exquisita dulzura
En el exótico placer de venerarte,
Y al palpar la delicia de acariciarte.

Si admitieras cuanto te provoca…

Cuanto me encantaría seducir y conquistar,
Toda tu majestuosa existencia.

Si me lo concedieras…

Me saciaría
De tu reverencia al desnudo,
Y te extasiaría en la mía…

En otras palabras,
Honraría tus maravillas

Al comerme a besos tus deseos.

CÓCTEL DE PASIONES

Así, como ésta mirada salvaje
Consume cuantas ganas me inspiras.

Como descontrolándome sin compasión,
Desvistes mis delicados deseos.

Como te pueden,
La curiosidad y el temor…

Así,
Podríamos perdernos
Con el primer roce.

Así mismo,
Podrían mis labios
Probar de tus atributos
El rapto de mi cuerpo…
Y embriagar mi tacto
Al atarte a mis besos.

Y disfrutarte,
Al saciarnos sin aquellas prisas…

Provocándote y haciéndote sentir
Cuanto me provoca.

Así…
Despacio,
Y con constante precisión…

Hasta dejarnos poseer,
Hasta hundirnos en este néctar
En este, cóctel de pasiones.

AMOR MEDIEVAL

Mi corazón,
Es el reino de una bárbara
Que me incitaba a trotar, al galoparme.

A desear,
El beso de sus uñas,
La salvaje y extraordinaria pasión
De infinitas, brutales y bestiales…
De vestidas y desvestidas batallas.

Y ella lo sabe…

Sabe que su alma
Es como mi amor,
Frágil… pero indestructible.

Y conoce su filo,
Conoce la daga del pecado original.

Sabe…
Que no alzaré mi espada,
Que he tirado mi escudo,
Que puede y que quiere armarse.

Que aunque incapaz
De romper sus cadenas,
Me niego a esta cruel fortuna,
A la sombra de esa promesa,
Al futuro que nunca llega.

Que me niego a seguir
Esas supuestas cruzadas del amor.

A su rustico disfraz burgués,
A la tosca mentira de un final,
El de mi amor verdadero
El de nuestro amor.

Que prefiero seguir soñando
A ser quien profana sus pirámides,
Honrando lo nuestro
En esta mística eternidad.

DIOSA

Aquel sueño,
En el que me dejaste jugar
A ser el dios de tu cuerpo.

En el que…
Me dejaste abrir a besos tu clavel,
Hasta dejarlo
Como la más dulce de las flores.

En el que me dejaste
Rosar tus rosas
En mi rostro.

En el que me dejaste
Plantar en tu oasis…
Las semillas
De este árbol de vida.

En el que
Te rendí…
El más ardiente de los cultos,
Al invocar en tu jardín…
Ése rocío de lluvia.

En el que
Nos adoramos tanto…
Y con tanta fuerza,
Que tus ganas se hicieron las mías
Y las mías se hicieron nuestras.

Fue…

En el que al despertar,
Te convertiste...
En la avalancha de mi diluvio,
En la diosa de mis pasiones.

LO QUE DEJASTE...

Raptaste mi corazón…
Y embrujaste mi alma.

Cuando me hiciste…
Esclavo de tus labios
Y adicto al sabor tu piel.

Has dejado…
Tu olor desnudo en mi memoria.
Y en cada fantasía…
De tu cuerpo saciando mi ser.

Has dejado…
La sensación
De que nunca te vuelvo a ver.

La impresión,
De esos besos…
De esas uñas en mi nuca.
Y la ternura,
De aquella mirada…
De tu desnudes absoluta,
Al hacerte sentir mujer.

La ilusión,
De nuestras huellas…
En cada borde
Y en cada ángulo
En que una pasión
Se puede recorrer.

Me has dejado las ganas
De perderme en tu boca…

Y de querer consumirme,
En el placer
De que te pierdas
En la mía también.

QUIERO…

Quiero…
Hacerte el amor en otra melodía.

Quiero…
Hacerte sentir poseída.

Que sientas mi sexo
En cada nota
Y al extasiarnos
En cada fantasía.

Que…
Nos susurremos al oído
Dónde el placer
Nos puede.

Que te atrevas…
Y vuelvas a provocar
La creciente que quieres.

Que me afirmes cómo,
Diciéndome y haciéndome, "Así".

Y que no te baste confirmarlo
Repitiendo que sí.

Y ésta vez sin sabanas…

Ven y atrévete…
A ponerle tus letras

A esta canción.

Ven que quiero,
Profundizar nuestra pasión,
Hasta dejar…
Nuestras almas fundidas.

Ven que quiero,
Despojarte de esas espinas.

Ven que prometo,
No dejarte…
Marcadas mis mordidas.

MI CORDILLERA

Quisiera…
Mis labios alpinistas
Entre sus sierras.

Mis besos…
Cercando sus colinas,
Precipitando sus cerros…

Voltear mi mundo
Y acariciar aquellas montañas…

Aquel relieve artístico…

Quisiera en su llanura,
Abrir las nubes
Y encontrar
La loma de sus deseos…

Tomar de su manantial…

Inhalar su riqueza
Y hundirme en el sabor
De su naciente lujuria.

Hacer de esta un arroyo
Y provocar que fluya
Continuamente.

De mi diosa
Quisiera...

Su estanque sagrado.

La mina de mis tesoros…

De ella…
Su más húmeda pasión.

PASIÓN EN LA TORMENTA

Ven y tráeme…
El viento que juega con tu pelo.

El delicado rocío de amor
Que acaricia mi alma,
Preparándola
Para la violenta pasión
Que nos consume.

Quiero ver
Esos relámpagos en tus ojos
Y sentir
El huracán de tu cuerpo.

La locura incontrolable
De este tornado
En nuestras manos.

Nuestra adicción
Por esas chispas…

Librémonos
De esta carga estática…

Hazme sentir
La fuerza en cada gota de lluvia
La fricción…
De tus caricias en mi cuerpo.
El roce…
De tus granizos en mi pecho.

Frota mi mundo…

Libera…
El clímax de esta lujuria,
El arrebato por esta tormenta erótica.

Ven y desata el éxtasis
De nuestro sentimiento más puro
Y que nuestra tempestad
Nos oculte del cielo.

Haz nublar nuestro mundo.

Y atrevámonos a vivir
En esa luna...
Tan húmeda
Como la queremos.

HECHIZO ALUCINANTE

Alucinantemente...
Ella es un volcán durmiente.

Pero su letal belleza
Seduce como volcán en erupción.

Ella provoca y reprime
El placer de esparcir
Magma por todo su cráter.

Su violenta pasión a la perfección
Por extraer lava en su interior.

Ocultando su intensidad al insinuarse,
Y su interés por extasiarse.

Su timidez,
Estimula suavemente
A cerrar los ojos
Y dejar que se abra al excitarse.

Así como al explotar,
Su magia hechiza
El corazón, el alma
Y la mente.

Y como al partir,
Deja un vacío
Imposible de compensar.

PIRATA

Amo sus ojos
Amo su boca
Amo cuando sus manos me tocan
Amo su olor a mujer en popa.

Amo de su cuerpo la marea
Y el soltar el ancla por todas partes.

Amo que sus cuerdas me aten
Y que al dormir conmigo descanse.

Le ama la brújula de mi corazón
Amo de sus besos el sabor
De su cuerpo el calor
Y amo el sentir
Que me hundo en su amor.

La amo al tomar el timón
Y que sus senos me cubran del sol
Mientras carga el cañón.

Amo su pelo velero
Todo a estribor.

Oh,
Cuanto duele
Saber que zarpa
Y Cuanto temo
Perder su amor.

TENGO GANAS DE...

Que nos desnudemos bajo el árbol
Entre los frutos
En el suelo.

Y demostrarles a las aves
Como se come una fruta
Al saborear tus deseos.

De hacerte sudar entre sabores silvestres
Y que el rocío de la lluvia
Nos aísle con su velo.

Que este amor
Se trague esta galaxia
Al invocarlo con un beso.

Y respirar en el vapor de nuestros poros
El color arcoíris de nuestra piel sonrojada
Por la mordida escalofriante de un te quiero.

De sacar de ti cada pasión reprimida.

Y que nos consuma todo
Que nos derritan como hielo.

Hasta que lo único entre nosotros
Sean nuestros cuerpos desnudos
Olvidados bajo el cielo.

PREJUICIOS REPRIMIDOS

Si supiera,
Cuantos impulsos apasionados
Por sus prejuicios
He reprimido.

Me llama y me toco
Lo ignora y prosigo
Más tarde ella se despide
Y yo me despido.

He de pensar
Que no quiere ser la mujer
Que pierde sus estribos.

Y yo queriendo
Extasiarle desenfrenadamente
Con la pasión de mis ganas
Y mi cuerpo poseído.

Despertando
Más deseos adictivos.

Con la absorción orgásmica
De este chakra
Que llevo escondido.

LA COPA Y SU RETRATO

Mientras guardo
El tono de voz que la enloquece
Ella busca la mirada
Que altera sus nervios.

Se como tocarla
Y no me atrevo,
Se como besarla
Pero me abstengo.

Conozco la mirada tímida
Con la que pretende desafiarme.

Ella cree que no me atrevo
Por ser cobarde.

En las palmas de mis manos
Podría hacerla desmoronarse.

Hacer que pierda el sentido
Gemidos y reposo tras gemidos.

Y no lo hago
A pesar de que he querido
Consumir hasta sus suspiros.

Porque tan solo vivo
Algunos pasajes
Entre los capítulos de su vida
Y quedo sin motivos.

FLOR DESPRECIO

Por el polen de tu piel
Que me inspira a abrirte a besos
Como la flor exótica que eres.

Por las complejas espinas
Que delatan tu placer
Al lucirte sin ser alcanzada.

Por tu admirada actitud
De tocar el alma con una mirada
Cuando en realidad
No esperas ser tocada.

Por ti
Renuncie a mis pasiones
Aunque nunca lo sintieras
Aunque nunca me amaras.

Porque puede ser
Tan hermoso y tan horrible el amor.

Que por temor a sufrir
Prefieres morir marchita
Sin ser amada.

ELEMENTO Y

Droga de tu aura,
En feromonas que me tientan
A extraer esta pasión en cautiverio,
A saciarme de tu piel.

Por admirar el desarrollo
De tu sensual creación en movimiento.

Presenciar tu existencia,
Tu provocante mirada
En esta memoria inmortal.

Al homenaje de tus caricias,
Dignas de toda escultura.

A mi gusto,
Poseído por el sabor de tu piel,
Vibrando con locura dentro
Y sobre tu cuerpo.

Al deleite de tus suspiros,
Tus gemidos
Por cada golpe de tu cuerpo al mío,
De cada beso,
Y de como absorbes mi piel.

Sentir tu pasión,
Tú herida en el alma
Al hacer el amor.

Al satisfacer nuestros cuerpos,
Nuestro ser.

Saciarnos al consumirnos,
Al ahogarnos en el vino de la vida.

Extasiarnos en la fantasía abatida
De explotar tu virtud en el sexto sentido.

Al querer más,
Adorando hacerlo,
Admirarlo,
Vivirlo, idolatrarlo,
Extrañar sentirlo, anhelar repetirlo,
Añorar reencontrarlo,
Respetarlo y esperar poder amarlo.

ESLABÓN DEL PLACER

Tras este oscuro sendero
Llevas tiempo ardiendo sin ser mía.

¡Lo que es pensar en tu cuerpo!

¡Y en cómo me desnuda tu mirada!

El subir a esta nube
Explorando tu piel con mis labios
Probando y provocando
Cada poro de tu piel.

Y rozar el eslabón de tu placer
Cuando poseída por la pasión
Lo aferras más a mis besos.

Que me subes a tu boca
Luchando por mi erupción
Como luchando por sentirla tuya
Y vengarte de mis caricias.

Explotándome una y otra vez
En cada parte de tu cuerpo.

Que hacemos fricción en la fragilidad
En aquella fuerza sensible.

Entonces, confortando nuestros cuerpos
Del placer a la calma.

Supuestamente estresados
Jugamos a refrescarnos con cristales de
agua.

Cuando el fresco olor a libertad nos tienta
Y el verte tirada
Con el pelo a la altura de mis piernas
Me hace querer revivir ese sueño.

Imaginar aquellos movimientos
Aquella pasión
Feromonas de tu néctar y el mío
Aferrados al placer.

Imaginar que no te lleva el viento
Y que no estoy atado a esta soledad.

Imaginar el eslabón de tu placer.

LA FLOR DE TUS LABIOS

El concierto de suspiros
En nuestro silencio.

Con los dientes marcados en los labios.

Con el gusto en el tacto
El tacto en el gusto
Y en los cincos sentidos.

Mordiéndome los labios por esta mujer
Este sentimiento, esta pasión.

En el éxtasis de esta fantasía.

En la inspiración de este acto.

Porque no existe la gravedad
En el lugar de los hechos
Luego de besar su espalda.

Nada es alto ni bajo a la cintura.

No existe espacio entre
Pechos, muslos, nalgas y entre piernas.

No lo hay entre nuestras bocas
Abiertas al gusto.

Cuando me miras y te muerdes los labios
Sentada sobre mi pecho y sobre mi cuello.

Y besando tu flor
Acaricio tu cuerpo
Esparciendo con mis manos
Y tus propias manos
Mi néctar sobre todo tu cuerpo.

Mientras te muerdes los labios.

Tendidos a la velocidad del gusto
Hacemos todo lo que se puede sentir
Improvisándolo y superando cada fantasía.

Con la calidad de orgasmos
Que nos hace olvidar la cantidad.

Con la que sólo tú me haces sentir
Y nunca olvidaré.

UN DESEO PARA SIEMPRE

De lo que admiro, valoro y respeto
Me enamoré.

Y que por cómo te probé aquella vez
Quedé enloquecido.

Es que por todas esas razones que te
sobran
Eres especial, justa y necesaria en mi vida.

Te extraño y pienso todo el día en ti.

Pienso
En cuanto me gustas
En tu sabor y tu aroma
Pienso en cada movimiento tuyo
Y mientras más te pienso
Más te deseo.

Dejando controlar mis sensaciones
Por cuanto deseo estar contigo.

No puedo controlar
El querer amarte con toda mi piel
Encima, debajo, dentro, fuera.

Poseerte con locura
Hacerlo por completo.

Poder amarte sin límites

Sin más espera.

Poseerte como deseo adorarte
Al mirarte y acariciarte.

Al sentir tus gemidos
Tus labios, tu lengua, tu piel
Tu calor, tu humedad
Y tu Mirada
Al hacerte el amor.

Y espero poder salir de esta locura de
amarte
Poder renovar tus recuerdos
Dejarme poseer de ti por completo
Y esta vez hacerlo por siempre.

UN PREÁMBULO SIN FINAL

Es un preámbulo sin final
Mi recorrido por tu cortejo
El de las caricias más estremecedoras.

Donde anhelo el tiempo
Tomándolo en cuenta
Cuando respiro en un suspiro.

En la ardiente travesía
Que desencadena lo inconfundible
Y que me hace desear lo que me posee.

Cuando no se pierde lo que se tiene
En esa dirección sin manecillas
Y sin números en el reloj desprendido.

En el martirio de disfrutarlo sin terminar
En la desenfrenada desesperación del
deseo.

Y sin esperarlo es que se tiene
Empapando todo
Sacándolo con la misma piel
Sudándolo más.

Descontrolando la locura insoportable
Que me hace masoquista.

Es esa emprendedora travesía
La que nos hace insaciables.

Donde se disfruta cada espacio
Terminando en cada principio sin final.

Fomentando el inicio de la eternidad
consumida
Donde nunca termina lo deseado.

Eso que deseo sentir por siempre.

FESTÍN DE ALCOBA

Nuestras esencias
Son el manantial en el que nadamos
Y nos alimentamos.

Donde consumimos el deleite
De nuestro paladar
Hidratándonos el uno al otro.

Y nuestros cuerpos
Como volcanes encendidos
Erupcionan en lo terrenal
Devorando y derrochando lo sublime.

Abatiéndonos de tanto placer
Al envolvernos en esta lava.

Esta fragancia que no pudimos devorar.

La que al secarse
Deja una densidad en las sabanas.

Donde un nuevo día
Nos sorprende con el mañana
Esperando no renunciemos al momento.

Para repetir lo vivido
Con la irresponsabilidad
De amar este pecado.

Y sin arrepentirnos

Conmemoramos nuestro festín.

Para medir lo posible de lo inigualable.

Lo antes posible.

Sin volver a la realidad
Sin cargar con el peso de la verdad.

Una realidad invaluable
Que solo entre ambos podríamos precisar.

AMANTES VENCIDOS

Se han vencido los amantes del cuento
eterno
Se ha vencido el amor
Y los amantes se han dormido con su propio
cuento.

Ahora estamos en extinción
Y de no amarnos, se perderá nuestra
especie.

Hagamos amor
Y creemos epidemia de lo nuestro.

Quemémonos en la pasión
Que arde en nuestra hoguera.

No permitamos que se venzan los amantes.

Demos el ejemplo.

Y devorémonos como a la historia de los
vencidos
Para que no quede recuerdo de estos
amantes
Con lo que hagamos censurar.

No seamos amantes vencidos.

Que la fuerza renazca entre nosotros.

Sostente y despegaremos de lo carnal a lo sublime
Y si no me tomas entrégate
Te tomaré y haré que me tomes.

Que no hará falta el aire
Si recobramos lo que perdimos en el sueño.

Hagámoslo despiertos, aun con los ojos cerrados
Que en el clímax más culminante
Podremos detenernos, y observar lo acontecido.

Lo que está por encima de lo que anhelas
Y de lo que te preciso.

13 TRAGOS A SU... SALUD

Por ella, que no sabe lo que siente,
Que cree saber lo que quiere,
Pero que no intenta provocar lo que debería.

Por ella, que me aparta de su vida
Y que pretende guardarme la última mesa.

Por ella, que nunca se ha expuesto,
Y que nunca se atrevería a exhibir
Ninguna prueba de amor.

Por ella, que lo que busca es una excusa,
Cuando al actuar diferente, actúa peor.

Por ella, que espera a que las cosas
cambien,
Más no de brazos cruzados
Pues no espera por nada, ni por nadie,
Por esa que todos estos años, he esperado
yo.

Por ella, que si no tiene mejor que hacer
Se pregunta por mí,
Esa que husmea y molesta a los demás,
Sabiendo muy bien
Donde me puede encontrar.

Por ella, a la que nunca pude buscar...
Por ella que se la pasa de lugar en lugar.

Por ella, que después de estregarme todo en
la cara,
Pretende que algo le vuelva a aceptar.

Por ella, que no se hiso responsable,
Al pretenderme manipular.

Por ella, que en canciones presumirá de
chuparse
Las mandarinas que en el camino se pueda
topar,
Hasta que llegue a lo podrido de la media
naranja
Que en esos pasos, se podría encontrar.

Por… su terca ilusión de superioridad,
Esa que no le permite sus errores
enmendar.

Porque he quedado…
Entre vivir reprimiendo mi corazón
O morir brindando por este mal de amor.

Esta noche vuelvo a brindar,
Por aquella…
Que no tuvo, valor para regresar.

OTRO INÚTIL GARABATO

Si quieres ser sincera
Admite que a tu entender lo merezco.

Que entiendes
Merecer cuanto te plazca,
Y qué haces más
Que quedarte con lo bueno.

Por mi parte,
Me aparto de aquellos insultos
Y admito este temor al cambio.

Este temor a tu verdad.

Y a lo que he sentido
Enfrentando a la muerte en soledad.

Recordándote…
"Valorándote"…

¡Cuanto duele que me abandones
Para emprender otros rumbos!

Cuanto duele,
Cada vez que sin decirme nada
Das lo nuestro por terminado.

Cuanto duele, lo que sentí
Al tirar los anillos al mar.

Es que… ante esta amargura,
Aquella felicidad burlona
Me ha dolido
Cada vez que has querido.

Cobarde,
Tú, ni a escondidas me has amado
Pues por temor a ser herida,
Tu corazón nunca me ha correspondido.

DESENCANTO

Dime, que no te aprovechas
De ser el centro de mi universo.

Que no te conformas
Con pretender ser feliz.

Que no te satisfacen los caprichos,
Que tu felicidad está sujeta al amor
Y no a tu antojo.

Quisiera, sumergirme
En la profundidad de tu pasión,
Pero me decepcionas.

Me decepciona,
El que te expongas a otros.

Que cada vez que te plazca perderte,
Dejes a un lado
Ese "amor" que presumes sentir,
Y que por esas horas seas "más que feliz".

El peor fraude de esa novela,
Es el llamarle "amor"
A todo el que te guste.

Ya no importa,
Si disimulas disfrutar
El que otros te cortejen,
O si en realidad,

No te satisface
El que otros te complazcan.

Admite, que tan solo piensas en mí
Al sentirte vacía.

Que en lugar de corazón
Lo que tienes, es un gran vacío.

Uno, que no estas dispuesta
A llenar con lo que te ofrezco.

Deja de jugar,
Olvídame,
Y sé feliz.

Que este amor,
No será otro de tus pasatiempos.

FÉNIX

Muero de soledad
En esta playa desierta,
Desnudo,
Esperando por ti.

Solo me queda,
Caminar en la muerte de las olas.

Donde las tortugas y los amores
Abandonan sus retoños,
Y desde donde los desvalidos
Partimos en busca de la felicidad.

En esta arena húmeda,
En la que al mirar el horizonte,
Figuro tu rostro en las nubes.

Lo que una vez fue mi playa virgen,
Lo que una vez fue exclusivo,
Lo que una vez fue…
Penetrar tus olas
Y surfear en tu pasión.

Mi sol,
Estoy cansado de nadar hacia ti,
Y de que me acaricies como la lluvia,
Para abandonarme en esta tormenta.

¿Por qué siempre me toca ceder?

Sigo amándote
Pero me duele aventurarme por ti.

Deseo tenerte a mi lado
Pero el mar de nuestro amor,
Está dejando arena seca en mi corazón.

Ya no puedo alimentar nuestra relación.

Solo me queda la ilusión
De volver a subir a tus montañas,
De que esta pasión
Baje por el rio de nuestras venas.

De que seas cómplice de lo nuestro,
De que seamos más que mar y viento.

De que hagamos de lo nuestro,
Más que ave de tierra firme.

De que seamos consecuentes,
De que resurjamos de las cenizas
Y dejemos de manchar nuestro amor.

ENDORFINA

En este mundo
En el que declamar con el corazón
Es motivo de burla.

No imaginas
Cuanto envidio
La inocencia de estos ilusos,
Ese paladar
Para el que el vino es azufre.

No imaginas,
Cuanto quisiera
Darte los motivos que quisiste.

Si te dijera,
Que cuando despierto
En la cumbre helada de tu ego,
Me siento provocado a tomar
Estas decisiones,
Que en el fondo no tomaría.

Que no acepto,
Este egoísmo
Que nos hace actuar como tales,
Aun tras descubrirlo en ti.

¿Sería esto una respuesta?

Decirte,
Que a sabiendas de dónde has dejado

La empatía de tus actos,
Quiero hacer la diferencia
Y no pretender saberlo todo.

Que quisiera esconder,
Qué no ha pasado un día
En el que no te piense,
En el que no te sienta en mi pecho,
En el que no te ame.

Que quisiera
Esconder esta necesidad,
Esta absurda ilusión
De marcarte
Con la joya más valiosa del mundo,
Esa que represente nuestro amor.

Que quisiera dejar de sufrir
Las heridas de aquellas palabras.

Pero no imaginas cuanto duele
Aceptar que otro te agrade,
Que otro te pretenda,
Y que debo complacer
El que esperes de mí, otro adiós.

PLACEBO

Por ti al dormir he llorado…
He despertado llorando,
Y a pesar, de que
Las lágrimas que cuentan son las tuyas,
Aun así te sigo amando.

Siempre sentirás justificadas tus acciones,
Y que las consecuencias
Fueron provocadas por mis reacciones.

Siempre podrás pretender
Que los corazones
Pueden ser curados por diversiones,
Pero a pesar de esa actitud
En realidad, no todo lo divertido es amor.

Ya no encuentro
La manera de expresarte,
Que esa necedad
Me destruye el corazón.

Oh, cuanto lamento
No ser parte de tu porvenir,
Y cuanto duele
La indiferencia con la que
Extingues la llama en mi corazón.

No importa cuán absurdo lo creas,
En el fondo…
Espero que disfrutes el confort,

Por el que sacrificaste nuestro amor.

ETERNO

¿Qué gana,
Quien atenta contra el amor?
O ¿que pierde,
Quien lo valora?

Si el verdadero,
Inmortaliza a quien lo hace eterno…

¿Cómo no alimentar sus semillas?

¿Por qué presumen de amar lo que les
conviene?

Pena de aquellos…
Que no toleran
Nuestras reacciones al dolor.

De aquellos,
Que exigen olvides el pasado
Y que rompas el cielo por amor.

No se trata,
De qué más quisieran…
Se trata de qué no querrían.

De tener que soportar
La imprudencia,
De quienes fingen vivir en cautela.

De tolerar los juegos

De aquellos títeres.

De esos estafadores
Que pretenden plagiar la razón,
De esos que predican, "reemplazar un
corazón".

A esas marionetas que se creen aves…
Que se creen viento.

¿Cómo es que les asombran
Estos frustrantes,
Pero predecibles resultados?

¿Les sorprenderá
La amargura de aquellas frutas podridas?
¿Podrán revivir lo que fueron de flor?
¿Se ganaran el favor del tiempo?
¿Podrán sembrar de sus semillas la mejor?

No importa si lo vale…
Pero el árbol de esta pasión…
Se alimenta de un solo sol.

AMBOS

Son cómplices
De una relación a domar,
En la que pretenden atarse
Sin comprometerse.

Ella,
Pretende raptarle de su mundo
Para involucrarlo al suyo
Con ciertas limitaciones.

Y el,
En ese compromiso de valorarla
Sin la esperanza de poder retribuir su valor.

A ella,
Que un día es el sol que alumbra su cielo
Y al siguiente…
Quien invoca las nubes
Que ensombrecen su mundo.

Esperando consentir
Ciertas expectativas…
Ahogándose en exigencias,
E incumpliendo sus necesidades.

Sin la esperanza de satisfacerse,
Sin tenerse al alcance.

En la impotencia
De alimentar "un amor egoísta".

Su salvación,
Su perdición…

Anhelando,
Palabras de aliento
En aquella tormenta querellante.

Desafiándose,
Y haciéndose daño
En lugar de proteger sus corazones.

Sin saber en qué se convierten,
Solo sabiendo, que siguen perdidos…
Perdidos, en las demandas de esa musa.

Cuando deberían…
Ser cómplices el uno del otro,
Y dejar de serlo
De los puntos de vistas ajenos.

EMPRENDIENDO UN ADIÓS

Yo, no acampare a la deriva.

Debo, seguir cabalgando
Mi unicornio contra la marea.

Debo llegar...
Al lado oscuro de esa luna.

Alejarme de esos "dioses"...
De la magia de afrodita,
De los rayos de aquel sol.

Debo ignorar…
La fuerza mística
De nuestra pasión.

Pues a pesar,
De que lo añoren las mortales,
Ya sea "amado" o preferido…
Nunca serán gratos
Mis tributos para este amor.

Debo cuidarme de sus labios,
Al enfrentarme a este adiós.

Debo…
Huir de su estrategia
Y proteger
El tesoro, escondido en mi corazón.

MI EJECUCIÓN

Mi ejecutora
Prefirió ser el martirio que corroe mi alma,
La calamidad de mi corazón.

Hacerme esclavo de sus juegos…
Atormentarme al seducirme,
Y martirizarme al conquistarme.

Me juzgó y sentenció
Por todos los pecados del hombre.

Irónicamente… solo por pretenderla,
Por ser un necio y enamorarme.

Fue…
Tan terrible la tortura,
Que ya no tenía caso suplicarle.

Con cada golpe,
Quiso azotar mi existencia
Y hacer de este amor mi desgracia.

Hasta que su crueldad lo consiguió.

Hasta dejarme perdido
En esta sed de pasión…
Con esta hambre de amor.

Hasta que pudo convertirse
En esta terrible adicción.

Y como si fuera poco,
Como única pena…
A amarle eternamente me condenó.

Ahora,
Solo me queda…
Dejar mis huellas,
Ésta bitácora
A la luz del sol, de la luna y las estrellas
Abierta al frio de la lluvia y el viento
En una ventana que nunca tocará
Ni con el descuido de una mirada.

AGRIDULCE

¿Cómo pude enamorarme,
Y entregar mi corazón
A un alma libre e independiente?

De ella,
Que después de deslumbrar mis noches,
Oscurece mis días.

A ella…
Que me ciega con la pasión de sus besos…

Como quisiera saborear
Sus labios en este eclipse.

No sé…
Si creerá que nunca le he amado,
O, si mis reacciones
Le hicieron pensar que ya no le amo.

Tan solo sé,
Que de su voz soy esclavo.

Que soy adicto
A su olor y sabor…
Que el más fuerte de mis vicios,
Es este amor.

Este,
Que la vida me podría quitar.

Por ella,
Que aprendí…
A tolerar esta soledad.

Por la que sin dudas
Estaría dispuesto a matar.

Con la que aún antes
De conocerla he soñado,
Y por la que aún después
De abandonarme sigo soñando.

SU MUNDO

En su mundo…
Se cree que el amor no existe,
Que el amor no es más que una ilusión.

Que el cambiar de cama
Reemplaza un amor,
Y que…
El cambiar de sabanas
Alivia el dolor.

¿Cómo se atreven
A pedirme que deje de amarle?

A decir…
Que podría olvidarle
Y dejar de sentir por este amor.

¿Cómo se atreven
A decir…
Que han sentido lo mismo que yo?

Obstinados,
Tercos y torpes….

¿Cómo se atreven a juzgarme
Sin conocer lo que siento?

Si así me guardara para este amor
Hasta la muerte,
Lo seguirán llamando una obsesión.

Si nunca
Sentirían por nadie,
Lo que por ella siento yo.

COBARDE

Mira mis labios,
E imagina…
Más de lo que te podría
Escribir con estas manos.

Ahora húyeme felicidad…

¡Huye!

Húyeme,
Y el amor no te causara dolor.

Vete, y vive el momento…

Toma prestado
El egoísmo,
Que no te hará falta
Quien te guíe por ese camino.

Suelta el lazo
Con el que podrías atar mi amor
Y empéñalo al soltarme…

Yo…

Tan solo quisiera que recuerdes
Que nunca me creí un indio.

Que…
Escucho tu voz en mis sueños.

Y que…

Tan solo quise sacarme
Esta flecha del corazón,
Cuando Pretendí
Clavarla en el tuyo.

ENCERRADO

Ser querido, ser deseado…
-No es suficiente.

Embriagarme, no me ha bastado.

Este amor
Que se ha encerrado en mi corazón…
Ha encerrado mi mundo y mis sueños.

¡¿Cómo?!
Y… ¿Dónde encuentro aquella felicidad?

Ya quisiera ser
Como esos farsantes
Que se engañan a sí mismos…
Como esos,
Que creen tener el poder
De elegir y reemplazar a quien amar.

Si yo pudiese ser…
De esos que solo se aman a sí mismos.

Si mi corazón fuese
Tan insignificantemente pequeño
Que cualquiera lo pudiese llenar.

Si pudiera aferrarme
A otras, como otros lo hacen.

Si no tuviera escrúpulos

Y tuviese las agallas
De poder revolcarme con cualquiera.

¿Cómo se atreven a decir que han
amado?...

Si pudiese dejar de amarle,
Si pudiera volver a enamorarme.

Yo…
Que tan solo quería
Que mi amor me ame…

Ante el vacío de no haber sido amado
Al menos fui felizmente engañado.

Admito…

Que en el fondo,
Prefiero vivir encerrado en mi realidad,
Antes que vivir como aquellos…
A los que vergüenza les debería dar.

NO TEMAS…

No temas,
A las cosa nuevas
Que hoy te provocan.

Ni lo que los demás
Piensen o se atrevan a decir.

Tampoco temas,
A lo que alguien más…
Te haga sentir.

No temas,
A decir y escuchar otras cosas…
Aquellas,
Que nunca esperarías de mí.

Ya no temas,
A vivir la vida loca…
Si en realidad
Es lo que te hará feliz.

No temas,
A atreverte…
A vivir lo tienes de frente.

Ni,
A lograr…
Lo que podrías conseguir.

No temas,

A aceptar lo no que tienes…
Ni, lo que quieres.

Ni al dolor
Que dejaron tus manos…
Cuando tiraron,
De mi corazón
Su porvenir.

UÑAS DE CUARZO

Amor celestial,
Tú, que inspiras las gemas…
Que nacen en las montañas.

Entre los metales exóticos,
Que conducen nuestra pasión
A la fortuna de este amor.

Al diamante en bruto…
Al rubí de su corazón.

Al más caro de mis tesoros…
A ella, "el talismán de mis sueños."

Yo quisiera bajar al mar…
Y complacer con mi ámbar,
A la perla de sus deseos.

¡Pero, Dime!
¿Cómo perderle?
Sin ser su dueño.

¿Cómo,
Trenzar en zafiro su pelo?

¿Cómo llamarle…
Mi diosa esmeralda?
Si ya no importa, cuánto le anhelo.

¿Cómo declarar esto,

Mi más preciada joya?

Dime…
¿Cómo mirarle a los ojos
Y negarle que la quiero?

Aun después de sentir…
Sus garras de cuarzo,
Aplastar, mi universo entero.

ERROR A ENMENDAR

Cada, "mentira inofensiva"…

Cada, "tontería" callada…

Cada, desacuerdo ocultado…

Cada disgusto
Compartido con alguien más.

Cada, "opinión" ajena…

Cada, criterio indiferente…

Cada, aliado al egoísmo.

Cada desliz…

Cada, rose probado.

Cada, decepción despreciada.

Oh, inseguridad…
Si supieras,
Que para algunos
Es suficiente
El no saberlo todo.

Tú, podrás tener
Todo el derecho a errar.

Pero, pedir perdón
No es suficiente
Ante la demanda
De enmendar…

AMOR PERDIDO

No me trago
Las jodidas distracciones,
Ni la incertidumbre
De, si hace igual.

Es y será fundamental
Mi más grande necesidad.

Mi pasión y mi adoración,
Mi amada, mi cariño y mi ternura.

A pesar,
De que me consuma su ausencia.

De que mis sabanas y mi tacto
No recrean, sus labios al respirar por su
boca.
Ni su victoria, al hacer que me rinda
Rodeado por sus piernas.

A pesar,
De que las dudas me venzan.
Y de que ya no veo llegar aquel amor,
Por el que he esperado impacientemente.

Con el que no supe que hacer,
Y probablemente,
Ni corresponder debidamente.

A pesar de que debo,

Afrontar la frustración
De mi verdadero amor.

PLAN Y RUTINA

Me vence
La desolada nostalgia
Por aquel cariño.

Esta miserable necesidad de amar,
Que deja una herida
En el corazón de mi alma.

Al soñar despierto
Mi verdadero amor
Correspondido.

Nada ganaría,
Si pretendiera engañarme
Escondiendo este dolor.

Igual sufriría,
Esperando y temiendo
No ser feliz.

Igual sufriría,
Hasta la muerte.

NUESTRO SUEÑO

Te recuerdo
Cantando de felicidad.

A quien he de engañar
Te sigo amando y soñando.

Eres mi vida
Aunque ya no sea tu enamorado
Porque mi amor por ti es sagrado.

No puedo
Quitarme este amor
Con agua y Jabón
Sacarte de mi cabeza
O arrancarme el corazón.

Para encontrar
Algo de felicidad
En esta soledad
Me cuesta imaginar y recrear
El sueño que una vez
Creamos para los dos.

Soñar un despertar
Con el brillo resplandeciente
De tu cuerpo desnudo
A los rayos del sol.

Aferrado a un abrazo
En el que beso tu boca y tu frente.

Un abrazo en el que unimos pechos
Para sentar los labios al cuello
Hasta el amanecer.

Así detener el tiempo
Para deleitarnos con la galaxia
Que desde este planeta
Hace homenaje a tu belleza.

Como en la oscuridad
Las luciérnagas
Harían reverencias
A tus ojos.

Y yo,
Que solo puedo soñar
El pasar contigo
Una noche de besos
A la luz de la luna.

DE LOCOS

Sobre el hombro izquierdo
Un psicólogo endemoniado
Me dicta aumentar la dosis
De mi prescripción para resignados.

Sobre el hombro derecho
Un ángel de sexualidad dudosa
Dice que me haría bien
Escribir sobre estas cosas.

Escribo que he perdido
La ambición para volver a amar.

Por lo fácil
Que fue perder su admiración
Y porque es imposible olvidar su amor.

Que ya,
A nadie le importa
Si el amor de un amigo es sagrado.

Que no creo
Que sea pecado
Soñar jugando
Con la lujuria de aquel amor.

Que la perdí
Después de tenerla
Como en la boca lengua
Y como espuma al chocolate.

Y que al menos
De tesoro me queda
Una Foto en la billetera
Y la pasión infinita
De mi amor por ella.

DEL ODIO UN ABRIGO

Qué consejo más mediocre…
"Esperar a que se me pase".

Que absurdo
Es creer que somos iguales…

Cuantos se creen
Que igual se esforzaron…

Cuantos se creen
Que pueden juzgarme
Porque la vida
He querido quitarme.

Solo yo
Se lo que me costó amarle.

A cuantos
Que se consideran mis amigos
No les he callado
Lo que he sentido.

¿Porqué tiempo
Crees que he vivido
Lo que hoy escribo?

Quizás no lo ha valido.

Pero al amor
Nunca le he huido.

Y así me entierre en el olvido
Convertiré mi amor en odio
Y lo usare como abrigo.

POR UNA LÍNEA EN MI CORAZÓN

Quien intente tocar
Este corazón congestionado
Creerá que esta fuera de servicio
O que sus circuitos están ocupados.

Suena como si tuviese
Alguien al otro lado.

Pero,
Tan solo tiene una línea muda
Que no pudo haber cerrado.

Si a dos bandas
Mi corazón tuviera.

Con una línea en espera
Al menos abrir otra
Y marcar pudiera.

Pero no da tono
Ni tiene buzón.

Suena siempre
Descolgado
Y no entiende
De razón.

Los demás…
Que hagan conferencias.

Ya de las líneas
Del amor
Voy a desconectar
Este pobre corazón.

ENTRE EL VALOR Y EL ORGULLO

Por frases mal empleadas
El ignorante cree que ha vivido.

Pero la inmadurez a la vejez alcanza
Y el tiempo no perdona sus descuidos.

Quien abandona su amor
Escribe su historia en el corazón
Más quien deja un camino
Borra sus huellas con el olvido.

En el amor
Se rompen las barreras del tiempo
Sin importar el dolor.

Quien ama
Sacrifica sus emociones
Para que nada
Supere su amor.

Porque el amor
No es una meta ni un destino
Amar es estar seguro
Y a la vez
Jodidamente perdido.

QUE VALGO YO

Viendo estrellas caer
Y la luna cambiar
Una y otra vez.

Valoré este amor
Por encima
De todas las cosas.

Para merecer
Que un impulso le baste
Para valorarse a sí misma
Más que a este amor.

Creyendo que hace
Lo mismo que yo.

Y sentir
Qué cargo solo
Con la burbuja
En la que creamos
Nuestra relación.

Ya no quiero saber
Que es
Lo que valgo yo.

CONFIRMO QUE HE AMADO

Después,
De tolerar los errores
A quien jugó conmigo
Fallé siendo una experiencia
A ser superada.

Después,
De exponer mi alma
Para amar
Desperté con la desilusión de un sueño
En el que no fui amado.

Después,
De atesorar y proteger con celo
Las pequeñas cosas de mi amor
Quede paralizado con la impresión amarga
Que me dejo el sentir
Como sin dudar son desechadas.

Después,
De confirmar en este amor
La pasión insoportable que me ata
De unos tiempos a otros.

He confirmado,
Que más felicidad podrán tener
Quienes viven de momentos
Más pierden el derecho
A decir que han amado.

UN BORRÓN DE MIS VERSOS

El no sufrir debo procurar
Al ser consciente de lo que es
El vivir frente al mar.

Oh Alfonsina,
Cuantas lágrimas debiste derramar.

En la desolante tristeza de mis noches
El llamado de las olas
Con feroz insistencia suelo escuchar.

Admito
Cada tono de su belleza
Y temo
A su oscura profundidad nocturna.

Por esto su paz
He dejado de frecuentar.

Quisiera bañarme
En sus refrescantes colores
Y no sentirme poseído
Por su letal y violenta locura.

Ya siento que me puede alcanzar
Y temo donde mi alma fuere a parar.

Oh, Alfonsina
Yo con esta lucha
Y nadie me puede escuchar.

Hoy pierden fuerza
Los rostros que me impiden
Que al vacío me quiera lanzar.

OTRA COSA

Si la luna fuera el sol
Reflejaría el manto de este amor.

Si la noche
Fuese clara como la mañana
En lugar de sufrir su partir
Le atara.

Si en lugar de dudar, confiara
En sus inestables impulsos.

Si la vida no nos separara
Para que nadie atente
Contra lo que nos ataba.

Si la certeza me quedara
De que alguien igualara
Lo que mi corazón
De ella esperaba.

ALGO EN EL SUELO

Mi amor no lucha
Por un corazón sentado
A brazos cruzados.

Ni me lleva a la boca
Lo que cae al suelo.

Para este
No aplican
De este mundo
Muchas cosas.

No reclama
Lo que no merece.

Y no le hace bien
Repetir
Los viejos anhelos.

En la mirada perdida
Notaras
Una profunda búsqueda
Por la impresión que dejaron
Los buenos recuerdos.

Aquellas fueron cosas
De otros tiempos.

Solo queda
Resistir cosas

Que no salen
Por lo boca.

Y quemar
Lo que tenía de libre
En algunos versos.

BRAZOS CRUZADOS

Teniendo presente
Que usualmente
Quien no se arrepiente
Lo advierte.

Y que,
Quien no aprenderá
Nunca cambiara.

Que hace el ridículo
El orgullo sin razón.

Y que al parpadear
La conciencia
Solo se siente rencor.

Por el yo interno
Que hace
De los defectos virtudes
Y de las virtudes defectos.

Sé qué final
Pretendería una explicación
El ausente a la relación.

RESUMEN A UN MENSAJE DE TEXTO

Me ahogo en la nostalgia
Desolado, triste, aburrido
Ansioso de ti.

Muero por tu cariño.

Me desvanezco, me pierdo
Anhelando tú presencia.

Si, sigo fantaseándote
Enloquezco por tenerte a mi lado
Por querer sentirte
Vivirte, olerte, mirarte, tocarte
Saborearte.

Enloquezco por absorber tu ser
Al respirarte dentro de mí.

Por liberarme en tu cuerpo
Y raptar tu alma
Para vivirla bajo mí pecho.

Por sentir que me comes la nuca
Y que me atas a tu cuerpo desnudo.

Que chiste de mal gusto
El tiempo me cobra tu presencia
Y al hablarte temo que abuses
De mi amor por ti.

Dejo todas las heridas abiertas
Tragándome este amor.

No estás, no escuchas.

DESNATURALIZA MI CORAZÓN

Termina de una vez
Transfórmate en lo que detesto
Sal ya de este corazón.

Hazlo, termina
Que espero…

Conviérteme en otro de tantos
Otro que no valore
Que no respete
Que abuse y te olvide.

Otro cualquiera.

Vénceme, no te faltaran cómplices
Devora las espinas que encuentres.

Termina tu evolución
Busca tu felicidad en otros mundos
Explora otras aguas
Olvida las nuestras
Exilia mi vida.

El mundo te apoya
Destruye lo que siento
Que no resisto más.

Amordaza este llanto
Sin el pudor que consume este mundo
Dime adiós

Hasta nunca jamás.

Es lógico
Busca lo que te haga olvidar
Vive detrás de tu verdad.

Confirma tu cobardía
Abre tus ventanas
Y desecha el amor de este perdedor.

Plácete de ganar
Por encima de tus miedos.

Que tu inconsciencia defienda tus errores
Desprendamos nuestros sueños
Y vivirás una sola vida.

En la fácil
Que para soñar la vida no es almohada.

No tendrás que callar
O que ocultar.

A nadie le importara.

Las madrugadas quedan ante el mundo
Sin hacer daño a nadie
Sin nadie a quien respetar.

Dispuesto a la vergüenza
Otros me han de reemplazar
Los que tu carne quisieran consumir.

La mía la he de congelar
Con la imagen de aquellas madrugadas
Para ser fuerte hasta el final.

Cuando la vida haga conmigo
Lo que le plazca.

Mi corazón erecto
Dejara de latir
Y tu alma entre otros brazos vagará.

Cuando desnaturalices mi corazón.

Tal vez así no sentiré, no confiaré
Quizás no sufriré.

EL DRAMA DE MI ALMA Y MI SER

Mi alma y mi ser
Para despertar siendo amado.

Por ser correspondido
Y merecerlo.

Para que luche por mí
Y que no me falle.

Para no quedar atrás
En el olvido.

Desprotegido…

Valerlo
Por mi alma y mi ser.

No, no este silencio
A cambio de decir que la amo.
No hay nadie.

¡Estoy solo!
¿No lo valgo?

Mi amor
Mis halas para un cielo
Hecho la más grave herida
En este infierno.

No importo

Duele con más fuerza
Cuando no se escucha en el silencio.

Sentir que me quema
Mi alma y mi ser.

Al sufrirlo eternamente
En el terrible silencio.

¡No está!
Y no sabe si estará.

Por ahora me toca
Sufrir mi locura
No más, Solo he perdido
Mi alma y mi ser.

EN EL ÚLTIMO SUSPIRO

La vida continúa
¿Pero, para quien?

Se ha sepultado mi último amor
Yo que creí, que me sepultarían antes que a
este.

Como quisiera, liberarme de la muerte
solitaria.

Pero moriré solo
Solo aferrado al sueño.

Ese sueño del que no quise despertar
Y que no realizare.

Benditos los que puedan ser felices
Los que no se harten de luchar
Y consigan ser feliz.

Del amor,
Esperé más en la vida.

Pues con pasiones
Nunca llenaría su vacío.

Quise ser feliz
Luche contra el hambre y el frío
Contra la soledad y la abstinencia.

Fui feliz, pero poco me duró.

Quizás lo suficiente
Para saber que hay un cielo
Al que quizás no entraré.

Pues ante Dios
He blasfemado una y otra vez.

Ya ni al infierno entra mi alma,
Entonces…

¿Porqué seguir luchando?
Si el mundo se niega a ser mejor.

¿En qué lugar perdí mis deseos?
¿A cuántos más habré fallado?

Por fin doy mi brazo a torcer
Y lo hago frente a quienes siempre me han
juzgado
Ante ti que te tomas la molestia de leer
Estas torpes letras.

Les juro que quise dar lo mejor de mí
Y no sé si será mi voluntad.

Si tan solo fuera cierto que las intenciones
contaran.

Lo intente una y otra vez
Para conseguir un camino mejor.

Una a la altura de mis principios.

Es una desgracia el límite.

Pero al final debo aceptar mi cobardía.

Avergonzarme habiendo pretendido el cielo.

Para quedar sin fuerzas
Rogando acabe de una vez por todas.

Siempre quise saber
¿Cuándo, como, y porque?
Hoy lo sé, y estoy aterrado
Aterrado, por que no tendré con quien.

Prometo enviar un beso
En mi último suspiro.

Ojala no desvanezca como yo
Antes de llegar a su destino.

Ojala pueda tener un final.

La vida es así
Así fue para los que ya no están
Y así seguirá siendo.

Espero puedan demostrar lo contrario.
Mientras, les deseo como siempre
Lo mejor.

UN CORAZÓN EN ESPERA

Cuando me dices que me quieres
Lo demuestras
Pero cuando me dices que amas
No me lo haces sentir.

Algunos valoran lo que tienen
Como se valora un objeto
Me gustaría que me valores
Como algo divino
Como yo a ti.

Quisiera poder amar el amor
Poder disfrutar el vivir la felicidad enamorada
Y poder dejar de sufrirlo.

Hay quienes aman con locura
Hay quienes se resisten al amor
Hay quienes aman por vanidad
Y yo sufriendo por este amor.

Por que se sufre al no tener lo amado
Al no poder
Apreciarlo y disfrutarlo sin límites.

Y el llamarte
No es un gesto
Ni mucho menos un detalle.

Es la necesidad de sentirte cerca
Y es de lo que depende mi amor por ti.

Por que es el curso y el camino
A tu destino en mi Corazón.

Porque eres la gracia de mi felicidad
Por lo que te deseo un feliz resto del día
Hoy mañana y siempre
Hasta que estemos juntos como Dios
manda.

Hasta la muerte.

Y aunque no sea satisfactoria esta relación
La estaré esperando por siempre.

RAZONES ABSURDAS

Culpables como amigos y como parejas
Indiferentes al cambio
Que de ser diferente
Quedarían fuerzas y razones
Para reclamos.

Haciéndonos de mala influencia
Por no darle importancia.

En las más incomoda de las posiciones
Por creer ser sabios
Sin aportar nada a la relación.

Esperando lo merecido
Sin hacer más.

Entendiendo el daño
Que nos hace la impotencia.

Quizás pudiendo hacer algo mejor
Como amigos o como pareja
Como mejor lo haríamos.

Como lo hemos hecho.

Decepcionados por lo que era de esperarse
Por esperar más del otro
Mientras ambos tocamos fondo.

Conociendo los sentimientos de ambas
partes
Ambas circunstancias
Ambos lugares.

Sin cambiar por más que se quiere
Dejando que se quede así.

Mejores pidiendo y reclamando.

Olvidando que nada ha servido.

Esperando que las cosas cambien
Sin cambiar
Viviendo en el pasado y por el pasado.

Hacia el futuro de sufrimiento
Sintiendo, creyendo y conociendo
La verdad de nuestro amor.

UN AMOR SIN TI

Nunca es muy temprano
Para ser responsable.

Cuando quieres espacio
Y dejas las cosas a un lado
Puedes seguir tu vida
Hasta estar lista.

Pero no esperes que lo esté.

Que no quieras hablar del tema
O que lo evadas
Hace sentir que evades
Que no hablas.

No es una decisión
Es que no sé tomar a la ligera
Puedes estar confundida
Pero das a entender muchas cosas
Que suelen dar vueltas en la cabeza.

Y es preocupante
Pues no encuentras como evadirlo
Y no tienes nada que decir.

Crees que tiene otra finalidad
Y te equivocas.

Es la búsqueda de la seguridad.

Si entiendes que no estás lista
Se te puede entender y respetar tú pensar.

Pero necesitas saber
Que el amor no tiene una hora
No tiene tiempo ni lugar
Ni mucho menos puede ser medido.

Solo puede ser probado
Por la distancia y el tiempo
Y es lo que se ha probado.

Sabiendo lo que se quiere
Pero no estando dispuesto en una
costumbre
Y si lo que haces es probar, haces mal
Porque es algo que cuando quede detrás
No puede repetirse.

Porque las cosas deben hacerse bien
Y deben hacerse por amor.

FACTURA DE AMOR

Es tu recuerdo la factura de un amor
Que trae como garantía
El sufrir por tu ausencia.

Lo que sólo me deja el desembolsar amores
Que no se acercan a lo nuestro.

Eres tú la factura del amor perfecto
No eres tú ese amor deseado.

Eres el precio que hay que pagar por él.

Si a este corazón se le hiciera una
devolución
No cubriría la garantía.

Has hecho mal uso de mi amor
Y mi alma está vencida.

Sólo queda lo que nace hoy en mí
Ese recuerdo doloroso
Que cada día se hace más frío.

El pago del cariño divino
Es un cobro compulsivo de lo que no se
tiene
Que aún se añora, y que no para de ser
deseado.

Espero saldar mis deudas algún día

Y en ese momento me robaré tu amor.

Tomaré lo que me corresponde
Y lo haré corresponderme.

En esta lucha de amor por un mal causado.

Por el veneno que ha de envenenarse
Y cuerdas que han de atarse.

En este amor con fecha de vencimiento
vigente
Que algún día ha de vencerse.

DERROTA DEL ALMA

Por amores como el tuyo
Se pierden muchas almas.

Tu amor derrota mi alma
Sacándola de mi corazón para habitarlo.

Amándote estoy pecando.

Pues por tu culpa he perdido la cabeza.

Derrota del alma eres tú
Pobre de mí, me estoy perdiendo
Amándote y pecando en tus labios.

Y al entregarme, pierdo mi cuerpo
Pierdo mi alma, y pierdo mi corazón.

Si es que no los he perdido
Con todo lo que te he codiciado.

Si no lo he hecho
Estoy a punto de hacerlo
Amor mío derrota de mi alma.

Amándote, soñándote, deseándote
Y codiciándote espero tenerte
Y tomar venganza de tus travesuras.

Cuando te tome estarás condenada
A vivir bajo mis labios.

Espero ansioso que mi derrota te tome
Y te haga mía de por vida.

Derrota del alma eres tú
Pobre de ti, te estás perdiendo
Amándome, y pecando en mis labios.

MI CIELO EN RUINAS

Mi cielo está hecho ruinas
Porque te amo sin motivos de amar.

Con esta necesidad
De vivir a tu lado sin un porqué.

Es tu amor felicidad que mata
Y por ello está mi cielo en ruinas.

Y me pregunto si apesta o no
El que me duela darte una sonrisa.

Porque al tenerte y no tenerte
Me dejas sin un porqué.

O al sonreírte al verte sin tenerte.

Y si me amaras como ayer
Sonreiría hasta la muerte.

No puedo estar sin ti
Ni junto a ti.

Y es por eso que duelen
Las ruinas del amor en mi corazón.

AMOR A TU MODO

El descuido de un cariño
Y el consuelo de una gracia sin calor
Es todo el amor que tú me das.

Manchas mi vida con tanta injusticia.

Porque amar a tu modo es secar
Todo el calor que otro te da.

Intolerante situación
Sólo así se te puede tener.

Es amor a tu modo mi tristeza
Esa es mi perdición
Te entregas si probar el amor.

Y no tengo el derecho de amarte
Pues no sientes lo mismo que yo.

Es lo que nos queda
Porque es lo que él te enseñó.

Porque no te atreves a ser feliz
A decir que hay alguien que se muere por ti.

Porque lo piensas
No te dejas guiar
Y no aprendes amar.

Amor a tu modo es desnudarte

Pudiendo vestida hacer el amor.

Cuando lo que busco en ti no es carnal
Eso es más que espiritual.

Si te quiero desvestida
Mis labios te desvestirán.

Si vienes conmigo un instante
Si lo hacemos hoy.

LÁGRIMAS PERFECTAS

Buscando el lado oculto
Buscando la pasión que no hay en ti.

Lo buscas en otros hombres
Tratando de ser feliz.

Buscando lo que quieres de mí
Alejándome de ti
Alejándolo de ti.

Lo que les ofreces
Con cualquiera se puede sentir.

Pero lo que estás buscando
Sólo lo encontraste en mí.

No se te puede amar.

No te puedo desear.

Si no está en ti el que te veneren
Sólo el que te usen y te abandonen.

Pues resignándote a ensuciarte
Lo pierdes todo.

Con esas lágrimas perfectas
Que ensayaste desde niña
Alejaste lo que tanto quieres de mí.

Y es por eso
Que con esas tristes lágrimas
Te quedarás.

AMOR PARA LLORAR

El amor del que ama a tiempo
Es indesprendible.

Amor del que valora y respeta
Es el amor del que se habla.

Es el amor por el que se llora.

Amor inseparable
Amor rogado, soñado, y anhelado.

Amor sin dudas es el amor constante.

Amor inconfundible
Es el que nunca se olvida
Porque es como fue.

Un amor sin dudas
Sin faltas y sin cambios.

Ese es el amor que lo espera.

Amor de paz y felicidad
Es el amor que no me brindaste
Y que nunca sentiste.

El amor que no se borra con orgasmos
Y que mientras más lo buscas
Más te ensucias.

Amor que perdiste
Y que nunca encontrarás.

Es el amor para llorar.

TUMBA DE PRETEXTOS

Desterrado del sueño
Enterrando las apariencias.

Sepultando tus pretextos
Resignado ante tantas excusas.

Faltando entre quienes te valoran
Esperando otra realidad.

Cansado de tus engaños
De tu ausencia
Anhelando la superficie de la paz.

Sin siquiera un presente del pasado
Tratando olvidar por ser olvidado.

Siendo incrédulo
Por acostumbrarme a tus mentiras
Siendo agradecido por esa libertad.

Demostrando que los abandonados
Aprendemos a lamentarnos.

Lamentando este fin
Lamentando el olvidarte.

Enterrado en tus pretextos
Anhelando el olvido
Ofreciéndolo.

Olvidando mi tumba te olvidaré
Junto a tus pretextos, engaños y mentiras
Olvidando mi tumba te olvidaré
Olvidando que fuiste mía.

COMPLICADO

En otras circunstancias,
Aria lo que siento.

Pero, debo alejarme
Y llevarme esto a la tumba.

No fue perfecto,
Más pudimos serlo.

Quisiera tenerle ahora,
Y que no se contenga.

Pero,
¿Qué podría ofrecerle…
-Qué no se merece?

Ya no puedo escapar,
La amo perdidamente
Y no tengo, ninguna esperanza.

Aun así,
Esta sed me impone
El amor, el placer y la locura.

Este deseo de ser amado,
De querer devorar
Esa emoción en sus pechos,
Y de extasiarme
En su aroma al desnudo.

De provocarle,
Ese instinto salvaje
Que aquella vez extinguimos.

Pero, no lo permite.

No es justo…
Y lo peor, es que no se imagina
Como esto, me está matando.

LO ADMITO

Este imbécil amargado,
Necesita que lo abraces.

Admito, que quisiera vivir
Detrás del fuego de tu mirada,
Que quisiera
Incitarte a tantas cosas.

Pero,
¡No, mientras me crea
El único dispuesto
A entregar el alma
Por lo que siente!

De nada me vale
Ilustrar esto que siento,
Si todo debe ser a tu manera.

Ni siquiera sabemos,
Si luchamos con
O en contra de la indiferencia.

Creo que deberíamos,
Reparar el quebranto
En nuestros corazones.

Porque, a pesar de que
Deduzcas que soy incapaz
De asumir las consecuencias.

Y a pesar, de la experiencia
De mi mundo en tus manos.

Te confieso que aun así,
Quisiera…
Mi último minuto de vida,
Entre tus brazos.

A LA DERIVA

Me ahogo en la impotencia
De perder lo que en realidad
No fue mío.

Quisiera…
Poder ofrecerle
Todo aquello que merece.

Poder degustar aquella desnudes,
Y gozarla a plenitud.

Quisiera poder enmendar
Aquellos lapsus de amor.

Dejar de sufrir la indiferencia
De esas frustrantes barreras
Con la que protege su corazón.

Pretender creerme,
Que podría compensar
Cada desliz…
Cada descuido.

Que podría proteger
Lo único,
De lo ordinario…

Que podría…
Extasiarle al saborearle,
Y dejarle poseída

Al penetrar su alma.

No sé…
Si con el pasar de los años
Encontrará a esa persona escéptica
En la que pretende convertirme.

Solo se,
Que a pesar de cuanto duela,
Mi amor…
Seguirá ardiendo de pasión por ella.

APARTANDO LA RIMA

Reconozco que mis palabras
No le hace justicia a esto que siento.

Que ya,
No sé qué hacer o decir.

Que quisiera venerarte en la distancia…

Que quisiera demostrarte,
Como arde mi cuerpo
Cuando pretendo lamer mis fantasías.

Que yo también
Dudo me correspondas,
Y que a la vez
También quiero tener fe en ti.

Que no puedo prometer,
Lo que depende de los dos.

Que esta relación,
No puede tolerar otra decepción.

Ya basta de tanta incertidumbre,
Ya basta de incumplimientos y exigencias.

Ya reconozco…
Que me apena saber lo que sientes,
Lo que quieres
Y lo que crees.

Que quizás,
No estoy a la altura de este amor,
Pero al menos se distinguir
Entre imposición y valor.

Que a pesar
De que seas mi cielo o mi infierno,
Igual seguiré siendo yo.

INTENCIONES DECLARADAS

Ven... y arriésgate a sentir
La magia de quedar hechizada.

Que te mostraré con ternura,
Uno de los milagros más divinos.

Que te haré perder
El temor de vivir expuesta al abismo.

Que te haré vivir
El éxtasis de un trance infinito.

Ven y atrévete a elevarte con migo
De lo existencial a lo trascendental.

Ven... que en lugar de perdurar ante lo vano
Te haré sentir, este propósito eterno.

Revivamos e inmortalicemos
La semilla extinta de esta era,
La de lo verdadero,
La de lo nuestro.

Si hemos de sufrir,
Mejor suframos por lo culminante.

Hagamos de nuestras huellas, nuestros
frutos.

Así… en lugar de subsistir,

Venceremos al tiempo,
A la vida, a la muerte… al final.

Ya deja entrar mi corazón al tuyo,
Y sentirás… más que un porqué.

Ven y déjame entregarme,
Que el valor de este corazón
Le pertenece a este amor.

Ven de una vez y por todas…
Dejemos de aislarnos,
Y seamos lo nuestro.

AMOR TEMIDO

¿Qué será de mí?
Si vuelvo a perderme en tus ojos.

Y si algún día…
Al sentir tú presencia
Vuelvo a perderme
En el sabor de tu piel.

Si te lo propones
Y me dejo caer.

Si no me rehusara al corazón.

Si me atreviera a creer,
Que aliviarías este dolor.

Si volvieras a dejar,
Que nos tocase…
La locura de este amor.

Si pudiese
Recuperar mi valor…

Si no te negara
Que temo a llorar,
Si vuelvo
A escuchar tu voz.

AMOR SATELITAL

Amo contemplar sus soles…
Tocar sus lunas,
Y posar mi rostro en sus estrellas.

Amo lanzar,
Mis cometas en su galaxia.

Yo, podré ser…
Tan solo un asteroide
Con aspiraciones
De ser meteorito…

Pero este amor satelital,
Por siempre permanecerá
Tras el planeta de su corazón.

GALOPANDO RIO ARRIBA

En las Rocas
Sueño descansar
Rio arriba.

Bajo la sombra.

Y en plena paz
Contemplar los peces
Al reposar mis pies.

Pero la vida da vueltas,
El mundo gira
Y mi sueño es invadido.

De repente
Escucho algo diferente.

Una voz dulce y sonriente
Que me atrae impacientemente.

Entonces le veo
Galopar desnuda
Contra la corriente.

Me deleito
Con su sonrisa celestial
Su flamante pelo salvaje
La galaxia en sus ojos
Y su voluptuoso cuerpo
De piel rosa al desnudo.

Al contemplar
En cada detalle
Su majestuosa figura
Salí corriendo tras ella.

Pero en fracciones de segundos
Desperté sin poder encontrarle.

Y ahora temo perder mi sueño
Ahora temo perderla.

Porque ella,
Es una vida
Y un mundo diferente.

AMOR DE ASIENTO TRASERO

A su llamado
Respondió mi búsqueda
Y el mundo fue testigo
De cómo cruzábamos miradas.

De cómo nuestros cuerpos
Se trataron con respetuoso magnetismo.

De cómo olía aquella tentación.

De cómo fuimos
Embriagados de felicidad.

De cuanta sed de amor
Saciada entre canciones.

Cuantas emociones
En solo una noche.

Duraría años describiéndolo.

Pero al menos quiero constar
Que sentados en aquel asiento trasero.

Nos apartamos de este mundo
Al nuestras miradas
Revelar nuestros deseos.

Y que entonces
Unidos en un tímido beso

Callamos el universo.

No, así no dijiste…
Es así que quiero.

Y nos comimos las bocas
Todo el camino.

Fue aquella noche
Que volví a nacer
En aquel amor
En aquel beso
De asiento trasero.

FELICIDAD GENUINA

Me gusta verte como Dios te hizo
Perfecta ante mis ojos
Ante mi tacto y mi sed.

Me enorgullece tenerte
Vivirte enamorada y que seas mi felicidad.

Esperando vivir viviéndote
Para soñarte al dormir contigo
Después de vivir la vida.

Me desconcierta como te entregas
Tu firmeza al besar y tus ojos en la
oscuridad.

Me gusta sentirte
Escucharte al mirarte
Al darle significado a la palabra cerca.

Y temo perder el tacto
Temo perderte a ti.

Temo quedarme con un rostro disfrazado.

Con un alma sucia
Disfrazada de ti.

Temo perderte
Mi amada genuina.

ARCO IRIS DE CARNE Y HUESO

Veo en tus ojos un Eclipse en el horizonte
Una mezcla de luna y sol
Del cielo, el mar y las estrellas.

Es tu piel arena del mar
Asiéndose sentir en océanos, playas y
desiertos.

En tus brazos las nubes
Agua del cielo que nutre la esperanza.

En ti veo la aventura salvaje
Que intimida y desafía el fuego
Como paisaje que refleja montañas
En la vida salvaje.

En tu tacto la magia de la madre naturaleza.

En tu boca una tentación sigilosa
Que me llena de vida y me atrae como
presa.

Con imaginarte logras un terremoto
Provocas un maremoto de todo mi cuerpo
Y en un instante me robas el aliento.

Haciendo de ti mí arco iris de carne y hueso
Aunque no puedo explicar
Ni entender
Lo que por ti siento.

AMOR DE OTROS TIEMPOS

Mi más grande temor
Es que la vida me castigue
Influyendo en tu persona

No creo poder con eso
Estoy indignado con el mundo.

Y quisiera creer que no te dejaste vencer
Pero eso no es cosa mía.

Debo conformarme con que todavía se quién
eres.

Ignoras que sé de ti más que tú misma
Y tendrás que vivir con eso.

Pero no voy a callar
porque no quiero que pierdas tu esencia
Porque eres mi adoración.

Vivo enamorado de ti
Sintiendo tantas cosas
Que no sé qué es lo que no he sentido.

Te desprecio por hacer que te ame tanto
Porque no pides nada a cambio.

Y me da rabia
Porque es la primera relación
En la que me siento al menos.

Y no me perdonaré nunca
Porque soy el responsable.

Porque inconscientemente te codicié
Te deseé, te anhelé, y esperé el momento
de tenerte
Para al final despertar a la realidad
De que debo ganarme tu amor.

Que para disfrutarte plenamente
Debo merecerte
Y lo peor
Es que para mí es casi imposible.

Eres mi sueño, eres mi cielo
Eres lo que llevo dentro.

Porque lo que siento por ti
No se limita en un amor
Y no lo puedo llamar así.

Diré que lo que siento tiene tu nombre.

UN RECUERDO INTACTO

¡Qué rico es conocerte!
Apreciar lo bueno
Es algo que pocos logran.

Cuando te vas de mi lado
Despierto en una realidad
Difícil de aceptar.

Lo único que disipa este trago amargo
Es el recuerdo imborrable
Que has dejado en mí.

Lo más lindo que me ha pasado
Nunca podré comprender lo que siento
contigo.

Disfruté mucho apreciar tus detalles
No he sentido algo igual en mi vida
Cosa que me ha hecho adicto.

Siento una atracción por cada poro de tu piel
Por cada mirada tuya, por cada respiración.

Y si pudieras sentir esta sensación te
atesorarías.

Eres impresionante
Porque son tantos detalles
Y cada uno tan intenso.
Que no sabrías como interpretarlo

Y lo peor de todo es vivir sabiendo
Que es temporal.

Que nunca se sabrá si será posible o
imposible.

Por eso me aterra pensar que puedo tener
Y a la vez perder
Lo que he descubierto en ti.

Es por eso que te atesoro
Con la impresión extraordinaria
De las primeras caricias
Con las que conocí tu amor.

Con las que siempre estaré atado a ti.

CAPRICHO DE ESTAR SOLO

No hay mejor sexo que el que se ama
Como el que sueño contigo
Amante a que amar.

Soñando un amor
Con pudor y sin vergüenza
Porque es que fuiste un desafío para amar.

Recuerdo el tiempo en el que no supe
querer
Y solo pude superarlo
Cuando empecé a desearte.

Es que sin tenerte aprendí a adorarte
Y por eso vivo extrañándote
Y al paso del tiempo seguiré anhelándote
Porque amarte me obliga a reconocer
Que lo hice, lo hago y lo haré.

Con esta locura que me obliga a valorar
Que a primera vista eres bonita
Y tus detalles delatan tu hermosura.

Esos que resaltan tu belleza
Y que hacen juego con tu hermoso encanto
Así como la complejidad de tu preciosura
Deja un aliento celestial
Que no se puede superar.

Es que nadie podría describir tu esencia

Porque decir que eres divina
No te define.

Tu reflejo es el amor temido
Ese que nos posee
Una vez que nos llega.

El que atrapa a los mejores amantes
El que me lleva a tu lado en una Mirada
Ese que no necesitas razones.

Y sin importar lo que se piense, lo que se
diga
O lo que se haga
Será el que ame sin amar
El que seguiré amando con locura
Y lo más importante
El que amaré hasta el final.

AMADA HEROÍNA

En la posibilidad de un sueño
Donde puedo verte claramente
Y donde estando inconsciente soy feliz.

He encontrado tu nombre
En cada respuesta
Lo que me presiona
Más hacia ti.

Por no contenerme
Al saber lo que quiero.

Al saber cuándo, cómo y por qué.

Es que la felicidad
De este amor incrédulo
No es incierta.

Esta tiene una fuerza tal
Que te convierte en mi damisela.

La que al desnudarse
Luce su piel de heroína.

Afectándome e impulsándome a hacer cosas
Que creo correctas.

Como amarte
Con una fuerza tal.

Que para hacer el ridículo
No me falta estilo
Y para lo cursi
Soy un experto.

Porque lo justo
No lo es para mí.

Al tener la certeza
De que estoy junto a ti
Mi amada heroína.

Hasta en mis Sueños.

DESPERTAR MURIENDO

En la realidad de lo perdido
En lo cierto de lo injusto
En la impotencia de lo inalcanzable
Donde muero por ti.

Despierto muriendo de la ansiedad
Y mi cuerpo despierta sin mí.

Buscando a mi lado lo que le inquieta
Angustiado por tu ausencia.

Y anhelo poseerte
Al despertar muriendo.

Despertar muriendo es estar si ti
Despertar muriendo por necesidad.

Eres solo tú mi anhelo
Despertar muriendo.

Y no quisiera depender de ti
Para satisfacer mis sueños.

Pero en mis deseos eres fundamental
Porque solo tú sacias mi ser
Porque solo tú me llenas de amor.

Al despertar agitado y desconcertado
Con el impulso de la pasión
Que irreflexivamente brota en mi corazón.

Y despierto muriendo en la realidad
De no estar a tu lado.

Lo que me obliga a buscar tu amor
Aunque no le hagas bien a mi corazón.

Porque tú llenas mi ser
Porque solo tú me llenas de amor.
Y despierto muriendo sin ti.

AMOR DE PÍLDORAS

Lo nuestro es amor
Es fuerza de la naturaleza.

No se puede perder Lo que
Dios pone en su Lugar.

Este amor no es de píldoras.

Y por renunciar a lo sublime
Por lo abstracto
Se desciende fracaso del amor.

Al caos total.

Lo que te ofrecen no es amor.

Sólo funciona mientras se gasta el dinero
Sin píldoras no funciona ese amor.

Pero mientras tengamos este amor
No habrá arrepentimiento alguno.

Mientras se tiene da un motivo de vida.

No sólo nos quita la sed
Este complace todo el sentir del ser.

Ese amor no quita lo malo.

El que te llena de vanidad

Es el menos cómodo.

Aunque parezca serlo, no lo es.

Es el porqué del arrepentimiento.

Tan solo mírame
Te seduciré al amor.

Si vuelves a amar
Con esa fuerza que sabes amar
Ámame más, mi amor.

FELICIDAD INGENUA

Se cuestiona como piensas
Por tu inocencia en el amor
Esa felicidad ciega.

Esa dulce ingenuidad
Te hace feliz al conformarte.

Tu felicidad ingenua
No cuestiona esta situación.

La ingenuidad de tu inexperiencia
Por querer sentir, sin sentirlo
Por querer hacer sentir
Sin disfrutarlo
Por pensarlo
Y complacer, sin ser complacida.

Porque quedas sin la oportunidad
De ver lo feliz que puedes ser.

Pero se aprende a amar.

Si pierdes la ingenuidad
Y encuentras la sabiduría
Sabrás que quieres hacer sentir
Y harás sentir lo que quieres.

La felicidad plena, la satisfacción total
Esperando ser feliz plenamente
Y la ingenuidad, esa felicidad

Quieres dejar atrás
Y verás cuán inocente fuiste.

Quieres amar, y me amarás
A mí o a quien quieras.

Aprenderás a ser feliz
Con quien quiera que estés
Y que te ame quien te deba amar.

Y más que una satisfacción
Es mi deseo.

El tener la oportunidad
De que crezcas junto a mí
En el amor.

ERROR TRAS ERROR

En estos tiempos
Las víctimas se creen verdugos
Mientras sus verdugos
Se hacen las víctimas.

Siempre ensañados
En que todo fuere
Como quieren
Más no eligen como deben.

Quienes al fracasar
No tienen el valor de aceptarlo
Y tienden a culpar.

Quienes determinan
No valorar por temor a errar.

Les es más placentero
Bailar y celebrar
Los cantos que culpan
De sus errores y fracasos
A los demás.

Esperando los unos
Más de los otros
Sin lo ajeno razonar.

Y suelen terminar
Buscando la ternura
En amores a reemplazar.

FULANA

Como quisiera
Que no existieran
Tus trastornadas
Frustraciones en canciones.

Que se puede esperar
De una vida superficial
Que algunos prefieren
Tan solo para sus dulces dar
A los expertos en tragar.

A estos pretenden culpar
Del mal ejemplo de sus conductas.

Convirtiéndose
En un prototipo de mal gusto
Que a los demás
Pretenden predicar.

Así pretenden superar
Experiencias
Que siempre
Repetirán.

Y no cambiaran
Aunque puedan encontrar
Alguien a quien valorar.

El día llegara
En que la piel se estiren.

Y a su lado
Podrán tener
A alguien por interés.

Y podrán comprar
Todo el placer
Que se quieran dar.

Mas lo único que hacen
Es transformarse
En una más
De las personas
Que pretenden criticar.

COMO NO MANIFESTARTE

¿Porqué te fuiste libertad?
¿Quien nos protegerá en tu ausencia?
¿Quien disfruta de tu sombra?
¿Quien se siente protegido?
¿Como no manifestarte?
Fuiste la paz, la madre
La patria.

¿Que bandera traes?
¿Dónde has dejado la nuestra?
¿Con cuál dormirán tus hijos?
Vencidos, derrotados
Con hambre.

¿Quien sentirá tus caricias?
¿A quién acompañas en sus atardeceres?
¿Quién te ha raptado?

Me trago la ira
Me seco de las lágrimas
Y te busco.

Ya no me reconoces
Te codeas en la indiferencia falsos líderes
En las fortunas de unos cuantos
En un círculo de bestias sin almas.

Te pusieron precio los tiranos
Te vendieron los judas
Y te perdimos tus mimados.

Estos usurpadores
Haciendo fortunas
Y el pueblo muriendo.

Libertad, nadie alimenta tus hijos.

Te usurpan y nos adoptan
La sed de venganza, la rebeldía y los malos
hábitos
Mientras unos pocos
Todavía
Esperamos por ti
Nuestra paz, nuestra libertad.

REALIDAD MERECIDA

Si no eres fiel
De qué te sirve
Reconocer lo que vale.

Si no te llena su conducta
En esa relación tan perfecta.

Si la ternura no te excita
Y todo lo contrario a tu relación lo es.

¿Qué buscas?
¿Qué te hace feliz?

Quizás lo atrevido a lo abusivo.

¿Para qué le tienes?

Si prefieres que no te valore
Como lo hace.

Si el príncipe azul y la dulce damisela
Pasaron de moda y te hartan.

¿Deberías tomar el papel de la bestia?

¿Qué es lo que deseas?

Honestidad o indiferencia.

No serias responsable de la unión en pareja

No lo merecías
Porque no le mereces.

Porque le eres indiferente
Porque eres una bestia
Porque te gusta abusar.

Porque no sabes valorar
Porque no lo vales.

Porque lo que te mereces es lo que quieres
Y no lo puedas aceptar.

IGNORANTES SIGNIFICANTES

Títeres corrientes, sin razón de conciencia
Imprudentes mal vivientes
Que pretenden vivir su vida
A la velocidad del desastre.

Estos que no valoran la vida
No quieren ni merecen ser queridos.

Los que inconformes ante su suerte
Se dejan manipular por lo aberrante
Y por la arrogancia indiscreta de lo vulgar.

Estos que por suciedad que corroen las
calles
Son un ejemplo degradado de un ser
inconsciente.

Estos malcriados inconformes
Son el orgullo de ser irresponsables.

Estos que ciegos o tuertos ante la corrupción
Conviven en lo más bajo de las
depravaciones
Donde conservan la peste de su círculo.

Porque sordos y no mudos
Se quejan de los consejos
Y reclaman que no necesitan nada de nadie.

Esos que se sienten humillados

Los fastidiados por quienes les abrimos los
ojos.

Esos inconscientes malagradecidos
No tienen nada que perder
Pues no lo merecen.

Quienes solo causan pérdidas y daños
No son más que una podredumbre
Que pretenden humillar y abusar
De los inocentes e indefensos.

Esos voluntarios a ser desperdicios
humanos.

Estos que sin valor alguno
Son lamentablemente irrecuperables
Pues son menos que lo más bajo de lo
repugnante.

Estos que hacen de este mundo un infirmo
Estos que les abren las puertas a la muerte.

DESAFÍO CARNAL

La insistente tentación de lo prohibido.

Esa atracción sin igual de lo indebido
Tiene el papel principal
De conspirar contra el prójimo.

La traición fatal
Es ese imperdonable abuso de confianza
Que pone en juego a nuestros seres
queridos.

Que por el deseo
En el capricho de una fantasía
Y por su curiosidad
Nos pone al filo del fracaso.

En un juego de azar
Que satisface los sueños de lujuria.

La traición del cuerpo
Son esas sensaciones insaciables del deseo
Que juega con la mente
Y mata los corazones.

En esa libertad reprimida de la inseguridad.

En parejas que lo son
Sin la razón de mar.

Que por estar unidos sin valorar

Lo que les falta.

Son separados
Por no haberle dado importancia.

Estas parejas que no valoran
La estabilidad de una relación.

Son grandes victimas de desamor
Del despecho, y de la infidelidad.

EGOÍSMO JUSTO

La razón excesiva de lo lógico
Lo preocupante de tu propio interés.

No es bastante tu calidad de vida
Tu excelente condición.

Porque para ti vivir es imaginario
Por lo que no tienes nada en esta vida.

Conformado con el amor de políticos.

Con el amor de aquellos
A los que no les conviene la estabilidad de
nadie.

Con todos aquellos
Que pueden pagar tus requisitos
Si les pagas sus intereses.

Esos que no te curan hoy
Te remedian
Para que mañana les busques.

Esos que si estuvieras mejor
No les necesitaras.

Con el egoísmo de atarnos hoy
Para mañana conseguir lo que quieren.

No pueden vivir en paz

Ni te dejan vivir con su egoísmo justo.

Estos como el bien y el mal
Estos como la muerte.